THIS BELONGS TO

....
Name

....
Address

....
Mobile

....
E-Mail

I really want to see that

My Travelroute

To-Do List

- ☐ Vaccination
- ☐ Apply for visa
- ☐ Book flights
- ☐ Book rental car
- ☐ Book accommodation
- ☐ Travel insurance
- ☐ Check creditcard
- ☐ Copy important documents online
- ☐ Book bus or train tickets
- ☐ Check passport
- ☐ Make a travel plan
- ☐ Give plants to friends
- ☐ Empty the fridge
- ☐
- ☐
- ☐
- ☐

My Packlist

Sponge Bag

- [ ]
- [ ]
- [ ]
- [ ]
- [ ]
- [ ]
- [ ]
- [ ]
- [ ]
- [ ]
- [ ]

Electronics

- [ ]
- [ ]
- [ ]
- [ ]
- [ ]
- [ ]
- [ ]
- [ ]
- [ ]
- [ ]
- [ ]
- [ ]
- [ ]

Cloths

- [ ]
- [ ]
- [ ]
- [ ]
- [ ]
- [ ]
- [ ]
- [ ]
- [ ]
- [ ]
- [ ]
- [ ]
- [ ]
- [ ]
- [ ]
- [ ]
- [ ]
- [ ]
- [ ]
- [ ]
- [ ]
- [ ]
- [ ]

Other

- [ ]
- [ ]
- [ ]
- [ ]
- [ ]
- [ ]
- [ ]
- [ ]
- [ ]
- [ ]
- [ ]

Carry-on Baggage

- [ ] Visa/Passport
- [ ] Creditcard
- [ ] Tickets
- [ ] Travel plan
- [ ] Camera
- [ ] Smartphone
- [ ] Earplugs
- [ ] Travel Journal
- [ ]
- [ ]
- [ ]
- [ ]

Date: **Location:**

Date:　　　　**Location:**

Date: **Location:**

Date: **Location:**

Date: **Location:**

Date: **Location:**

Date: **Location:**

Date: **Location:**

Date: **Location:**

Date: **Location:**

Date: **Location:**

Date:　　　　　　　　**Location:**

Date: **Location:**

Date: **Location:**

Date: **Location:**

_____

_____

_____

_____

_____

_____

_____

_____

_____

_____

_____

_____

_____

_____

_____

_____

_____

_____

Date: **Location:**

Date: **Location:**

Date: **Location:**

Date: **Location:**

Date: **Location:**

Date: **Location:**

Date: **Location:**

Date: **Location:**

Date: **Location:**

Date: **Location:**

Date: **Location:**

Date: **Location:**

Date: **Location:**

Date: **Location:**

Date: **Location:**

Date: **Location:**

Date: **Location:**

Date: **Location:**

Date: **Location:**

Date: **Location:**

Date: **Location:**

Date: **Location:**

Date: **Location:**

Date: **Location:**

Date: **Location:**

Date: **Location:**

Date: **Location:**

Date: **Location:**

Date: **Location:**

Date: **Location:**

_____

_____

_____

_____

_____

_____

_____

_____

_____

_____

_____

_____

_____

_____

_____

_____

_____

_____

_____

Date: **Location:**

Date: **Location:**

Date: **Location:**

Date: **Location:**

Date: **Location:**

Date: **Location:**

Date: **Location:**

Date: **Location:**

Date: **Location:**

Date: **Location:**

Date: **Location:**

Date: **Location:**

THE END

I hope you had an amazing time.

If you like the book,
it would be awesome if you rate it on
Amazon!

It would help us a lot!
Thanks You!

Impress:
Gerdings Feld 40
49191 Belm
Germany

96541931R00072